ICONOGRAPHIE UNIVERSELLE,

ANCIENNE ET MODERNE,

OU

COLLECTION COMPLÈTE, ET DU MÊME FORMAT,

DES PORTRAITS

DE TOUS LES PERSONNAGES CÉLÈBRES, FRANÇAIS ET ÉTRANGERS;

DESSINÉS ET GRAVÉS

Par Ambroise Tardieu.

Série des Naturaliste

1ère Livraison.

PARIS, CHEZ

Ambroise Tardieu, Artiste-Graveur, rue du Battoir, N° 12;
Aimé André, Libraire, quai des Augustins, N° 59;
Auvray, Marchand d'Estampes, quai Malaquais, N° 1…;
Bance aîné, Marchand d'Estampes, rue Saint-Denis, N° …;
Bechet, Libraire, quai des Augustins, N° 57;
Bance et Aumont, Mds. d'Estampes, rue Platrière.
Bénard, Marchand d'Estampes, Boulevard des Italier…
Chaillou et Potrelle, Mds. d'Est., rue St.-Honoré,
Delaunay, Ponthieu et Carnevillers, Lib., Palais-…
Bossange père, Libraire, rue de Richelieu, N° 60,
Bossange frères, rue de Seine, N° 12;

…alignani, Libraire, rue Vivienne;
…evrault, Libraire, rue de M. le Prince, N° 32;
…artinet, Libraire, rue du Coq-Saint-Honoré;
…licier, Libraire, Place du Palais-Royal;
…enre, Libraire, rue du Paon, N° 2;
Treuttel et Wurtz, Libraires, rue de Bourbon, N° 17;
…ilquin, Marchand d'Estampes, Cour du Palais-Royal.
A Strasbourg, chez Levrault.

A Londres,

Chez Martin Bossange et Ce, 14 great Marlborough street.
— Treuttel et Wurtz, Libraires.

1824.

De l'Imprimerie de [illegible], rue du Jardinet, n° 12.

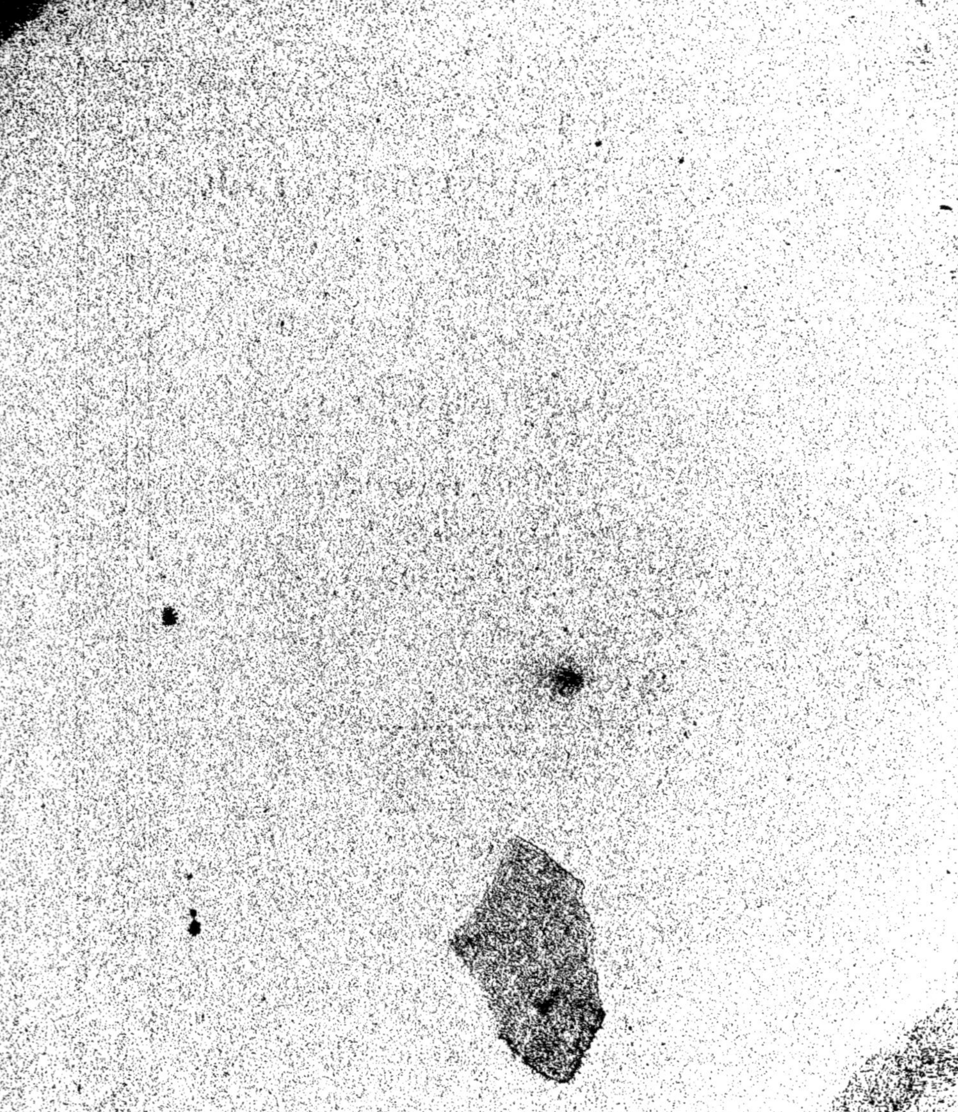

Ambroise Tardieu direxit

BUFFON.

GEORGE CUVIER.

GEOFFROY-St-HILAIRE.

Ambroise Tardieu direxit.

LINNÉE.

LISTE PAR ORDRE ALPHABÉTIQUE

Des Portraits déjà publiés et en partie non encore classés par série,

MM.

ADANSON, de l'Institut.
AIGNAN, de l'Académie française.
ARISTOTE.
ARNAULT, ex-membre de l'Institut.
AZAIS.
BENJAMIN-CONSTANT.
BEKER (le général), pair de France.
BELLIARD (le général), pair de France.
BERNARD DE JUSSIEU.
BERTHOLLET (le comte), de l'Acad. des Sciences.
BOILEAU.
BOISSY D'ANGLAS (le comte), de l'Académie des Sciences.
BRUN DE VILLERET (le général).
BUCH (le baron de), de l'Ac. de Berlin.
BUFFON.
CAMILLE-JORDAN.
CARDENEAU (le général).
CHAPTAL (le comte), de l'Ac. des Sc.
CHASSELOUP DE LAUBAT (le général), pair de France.
CHOISEUL (le duc de), pair de France.
COMPANS (le gén.), pair de France.
CORNEILLE (P.).
CUVIER (le baron), de l'Acad. franç. et de celle des Sciences.
DARU (le comte), de l'Académie franç.
DAUBENTON.
DAUNOU, de l'Académie des Inscr.
DE CANDOLLE, professeur à Genève.
DEJEAN (le gén.), pair de France.
DEMARCAY (le gén.)
DE PRADT (l'abbé).
DESFONTAINES, de l'Acad. des Sc.
DESMARETZ, de l'Institut.
DESSOLLE (le gén. marq.), pair de Fr.
DIOSCORIDE.
DUPIN aîné, avocat.
ETIENNE, ex-membre de l'Institut.
FÉNELON.
FLÉCHIER.
FOURCROY, de l'Institut.
FOY (le général).
GEOFFROY SAINT-HILAIRE (le chev.), de l'Acad. des Sciences.
GOUVION-SAINT-CYR (le maréchal), pair de France.
GRENIER (le général).
GRESSET.
HAUY, de l'Académie des Sciences.
HORACE.
HUMBOLDT (A. DE) corr. de l'Inst.
JAY, homme de lettres.

MM.

JOURDAN (le maréchal), pair de Fr.
JOUY, de l'Académie française.
KELLERMANN (le maréc.), pair de Fr.
KELLERMANN fils (le gén.), pair de Fr.
KERATRY, homme de lettres.
KIRBY (WILLIAM), naturaliste anglais.
KLEIN (le général), pair de France.
LACEPÈDE (le comte), de l'Ac. des Sc.
LACRETELLE aîné, de l'Acad. franç.
LAFAYETTE (le général).
LAMARCK (DE), de l'Ac. des Sciences.
LANJUINAIS (le comte de), de l'Acad. des Inscriptions, pair de France.
LA PLACE (le marquis de), de l'Acad. franç. et de celle des Inscriptions.
LAROCHEFOUCAULT-LIANCOURT (le duc de), pair de France.
LATREILLE, de l'Acad. des Sciences.
LEBRUN (le prince), de l'Ac. des Inscr.
LEFEVRE (le maréchal), pair de Fr.
LE TASSE.
LINNÉE.
LOUIS (le baron), ex-Ministre des Fin.
MARBOIS (le marquis BARBÉ DE), pair de France.
MAISON (le général), pair de France.
MARCHANGY (DE), auteur de la Gaule poétique.
MASSILLON.
MORTIER (le maréchal), pair de Fr.
MOUSTALON, homme de lettres.
MOZART.
OLIVIER, de l'Académie des Sciences.
RACINE (J.).
RAMOND (le baron), de l'Ac. des Sc.
RAMPON (le général), pair de France.
REILLE (le général), pair de France.
RICARD (le général), pair de France.
ROSSINI.
ROUSSEAU (J.-B.).
SERRES, médecin naturaliste.
SEBASTIANI (le général).
SEGUR (le comte de), pair de France, et de l'Académie française.
SEVIGNÉ (Mme de).
SOULES (le général), pair de France.
SUCHET (le maréchal), pair de France.
TARAYRE (le général).
TISSOT, homme de lettres.
TOURNEFORT.
VALENCE (le général), pair de France.
VIRGILE.
VOLNEY (le comte).
VOLTAIRE.

Incessamment sera publiée la série des auteurs dramatiques, livraisons première, deuxième et troisième, qui comprendront les portraits de *Corneille*, *Racine*, *Molière*, *Regnard*, *Mozard*, *Gluck*, *Piccini*, et de MM. *Raynouard*, *Lemercier*, *Alex. Duval*, *Picard*, de l'Académie française; *Rossini*, célèbre compositeur italien.

Cette série est destinée à être jointe aux éditions de tous formats du *Répertoire du Théâtre Français*, premier, deuxième, troisième ordre et suite. Elle se composera de 80 à 100 portraits environ. Les collections in-18 et in-12 sur papier vélin ne coûteront que 2 fr. 50 la livraison, aux personnes qui prendront toute la série.

Iconographie Universelle,

ANCIENNE ET MODERNE,

OU COLLECTION COMPLÈTE ET DU MÊME FORMAT

Des Portraits

DE TOUS LES PERSONNAGES CÉLÈBRES, FRANÇAIS ET ÉTRANGERS,

Dessinés et gravés

Par Ambroise Tardieu.

La collection des Portraits que j'ai entrepris de publier, aura sur toutes les autres suites de même nature, l'avantage d'offrir non-seulement les personnages morts, mais encore les vivans, dessinés presque tous d'après nature, ou d'après des bustes et tableaux de grands maîtres. Pour les personnages anciens ou étrangers, les originaux les plus authentiques seront toujours copiés. Ces Portraits seront tous de même format, et pourront être joints à tous les ouvrages de formats in-4°, in-8°, in-12 et in-18. Les amateurs qui voudront faire des collections de portraits, ne seront donc plus exposés à l'inconvénient de réunir des feuilles de toutes grandeurs, ce qui est embarrassant, incommode, et force souvent de renoncer à ce genre de recherches.

Le mode adopté de réunir par série tous les personnages qui doivent leur célébrité à un même genre de talent, offrira en outre la facilité de se procurer, sans que l'on soit obligé d'en acheter d'autres, les portraits des hommes qui se sont illustrés dans la carrière que l'on a embrassée.

Chaque livraison, composée de quatre portraits, coûte :
- Papier de Chine, in-4° .... 10 fr.
- Papier vélin in-4°, satiné .... 5 fr.
- Papier vélin, in-8°, satiné .... 4 fr.

Chaque portrait séparé coûte :
- Papier de Chine, in-4° .... 3 fr.
- Papier vélin, in-4° .... 1 fr. 50 c.
- Papier vélin, in-8° .... 1 fr. 25 c.

PORTRAITS DÉJA PUBLIÉS.

SÉRIE DES NATURALISTES, CHIMISTES ET PHYSICIENS.

1re LIVRAISON. *Buffon, Linnée, Georges Cuvier, Geoffroy-Saint-Hilaire.*
2e LIVRAISON. *Daubenton, Bernard de Jussieu, de Lacépède, de Lamarck.*
3e LIVRAISON. *Aristote, Haüy, Desfontaines, de Candolle.*
4e LIVRAISON. *Tournefort, Fourcroy, Latreille, Serres.*
5e LIVRAISON. *Dioscoride, Olivier, A. de Humboldt, Kirby (William).*
6e LIVRAISON. *Adanson, Desmarêts, Baron de Buch, Baron Ramond.*

Cette série, qui se composera de 100 portraits des savans les plus distingué de l'Europe dans les sciences naturelles, peut se joindre à tous les dictionnaires d'histoire naturelle publiés jusqu'à ce jour, et particulièrement au Dictionnaire des Sciences naturelles de M. Levrault. On peut aussi acquérir chaque portrait séparément.

BIBLIOTHEQUE NATIONALE DE FRANCE
3 7502 04427651 9

www.ingramcontent.com/pod-product-compliance
Ingram Content Group UK Ltd.
Pitfield, Milton Keynes, MK11 3LW, UK
UKHW020227200726
13856UKWH00004B/1636

9 782011 924261